TAGE DER BESINNLICHKEIT

Fotografien von
Tina und Horst Herzig

FLECHSIG

Kein seligerer Traum, kein beglückenderes Ereignis als Ruhe,

STILLE RUHE IM DASEIN

BETTINA VON ARNIM

DAS GEHEIMNIS

des menschlichen Lebens liegt nicht im bloßen Leben, sondern

IM SINN DES LEBENS

FJODOR M. DOSTOJEWSKI

SCHAUST AUCH DU DICH

selber wieder fern und fremd nur

WIE IM TRAUME?

Grüßt auch dich mit Märchenaugen deine Kindheit aus dem Baume?

ADA CHRISTEN

Ein feiner Dunst liegt in der Luft,

DER WALD
STEHT TIEF
IN TRÄUMEN

ANNA RITTER

JEDESMAL,

wenn zwei Menschen einander verzeihen,
ist Weihnachten.
Jedesmal,
wenn ihr Verständnis zeigt für eure Kinder,
ist Weihnachten.
Jedesmal,
wenn ihr einem Menschen helft,
ist Weihnachten.
Jedesmal,
wenn ein Kind geboren wird,
ist Weihnachten.
Jedesmal,
wenn du versuchst, deinem Leben
einen neuen Sinn zu geben,

IST WEIHNACHTEN

BRASILIANISCHES GEBET

Ach, die bleiche Wintersonne! Sie ist traurig wie eine

GLÜCKLICHE ERINNERUNG

GUSTAVE FLAUBERT

Schnee, zärtliches Grüßen der Engel,

schwebe, sinke – breit alles

IN SCHWEIGEN

UND VERGESSENHEIT

Gibt es noch Böses, wo Schnee liegt?
Verhüllt, verfernt er nicht
alles zu Nahe und Harte mit
seiner beschwichtigenden Weichheit,
und dämpft selbst
die Schritte des Lautesten in Leise?

Wir finden innere Ruhe bei denen,

DIE WIR LIEBEN,

und wir schaffen in uns einen ruhigen Ort für jene,

DIE UNS LIEBEN.

BERNHARD VON CLAIRVAUX

FRIEDE IST

FREIHEIT IN RUHE

MARCUS TULLIUS CICERO

WO DEMUT IST,

DA IST STETER FRIEDE

THOMAS VON KEMPEN

DER WINTER liegt auf meinem Haupt, aber

DER EWIGE FRÜHLING ist in meiner Seele

JEDES LOS IST EIN GLÜCKLICHES,

für den, der es mit Seelenruhe aufnimmt.

ANICIUS BOETHIUS

WOHIN GEHEN WIR?

IMMER NACH HAUSE

NOVALIS

Unendlich blau. Geweihte Nacht. Und immer fällt
der Schnee in zarten Sternen. Deckt die weite Erde sacht.

HEILIGE NACHT ...

FRANCISCA STOECKLIN

IMPRESSUM

Fotografie, Gestaltung, Textauswahl: Tina und Horst Herzig
Umschlaggestaltung: Frank Förster, Würzburg
Reproduktion: Horst Herzig, Bensheim
Druck und Bindung: Offizin Andersen Nexö, Leipzig

Printed in Germany

ISBN 3-88189-543-4